AF224694

RÉPONSE

D'UN

ÉLECTEUR MARSEILLAIS

AU

JOURNAL DES DÉBATS

MARSEILLE

TYPOGRAPHIE ET LITHOGRAPHIE ARNAUD ET COMP^e,

Rue Cannebière, n° 10.

1861

A MONSIEUR

LE RÉDACTEUR DU JOURNAL DES DÉBATS

Monsieur le Rédacteur,

Dans une occasion solennelle et encore toute récente, Son Altesse Impériale le Prince Napoléon fit entendre, au Sénat, un discours qui émut profondément les sincères amis de la liberté, les citoyens exempts des tristes passions de l'intolérance, étrangers aux étroites préoccupations et aux rancunes des partis.

Ce discours, inspiré par le sentiment vrai de la cause populaire, irrita les vieilles haines des ultramontains et des absolutistes ; il avait démontré, en face de l'Europe, que les destinées du monde n'appartiennent pas aux contempteurs de la conscience humaine.

Du haut de cette tribune du Sénat, réservée aux orateurs qui parlent au nom de l'expérience et de la modération conservatrices, un Prince, si étroitement lié à la fortune de l'Empire, tint à honneur de constater l'esprit des temps modernes.

Cet hommage, rendu avec tant de loyauté aux aspirations irrésistibles des peuples, répandit l'étonnement et la consternation parmi les chefs et les clients des vieux partis, parmi ces retardataires de la civilisation qui ne reconnaissent que les droits du privilége.

Tandis que les derniers représentants du despotisme clérico-féodal s'efforcent vainement d'arrêter la marche des nations vers la terre promise de la liberté, tous les hommes, qui veulent les réformes possibles, conformes à l'esprit et à la nécessité des temps, crurent devoir applaudir à des idées vraiment libérales, empruntant un degré supérieur de force à la qualité même et au rang exceptionnel de l'orateur.

Lorsque le défenseur du progrès et de la justice politique occupe un rang supérieur dans les hautes régions du pouvoir, n'est-il pas permis de penser et de dire que la cause de la vérité est deux fois affirmée?

Ce qui rehaussait d'ailleurs cette généreuse apologie de la cause sainte des nations, c'est que, loin de se renfermer dans les limites de l'actualité, le Prince avait agrandi la question en la portant sur le terrain fécond des idées générales. Tout en faisant resplendir la noble figure de la patrie italienne, affranchie du joug de l'Autriche et de ses vassaux couronnés, Son Altesse Impériale saisit l'heureuse occasion d'attester son dévoûment à l'esprit de tolérance et de conciliation.

Il paraît, Monsieur le rédacteur, que vous ne partagez

pas les vues d'un orateur qui, dans une position suprême,
n'a pas craint de déployer résolûment le drapeau d'un li-
béralisme conciliateur.

Et pourtant vous appartenez à une feuille considérée
au dessus de bien d'autres, comme l'organe essentielle-
ment accrédité de certaines idées constitutionnelles.

Quoi qu'il en soit, en ma qualité d'électeur marseillais,
je crois avoir le droit de repousser certaines railleries aussi
injustes qu'intempestives, par vous adressées, dans votre
numéro du 5 avril, aux démocrates de Marseille qui ont
eu, peut-être, le tort irréparable, le tort immense d'accorder leurs libres suffrages à la liste municipale lors des
élections de 1860.

Votre article, venant en aide à un système d'agressions
personnelles contre des électeurs coupables de n'avoir
pas voté pour la liste Clapier, est empreint d'une ironie
presque insultante ; mais, à votre insu, vous avez fait
l'éloge de ceux mêmes que vous pensez avoir tournés en
ridicule.

C'est là, sans doute, une considération de nature à at-
ténuer sensiblement la portée de sarcasmes par trop
cruels, venant d'un journal aussi haut placé dans l'estime
et dans la sympathie des voltairiens-catholiques.

Du sommet resplendissant de votre littérature pari-
sienne vous avez daigné faire, à d'obscurs citoyens de pro-
vince, l'honneur de ces épithètes poliment inconvenantes,
à l'usage exclusif de ceux qui, comme vous, sont initiés
aux mystères de la prose super-magistrale.

On n'a pas, tous les jours, cette bonne fortune de pro-
voquer, de la part des coryphées patentés de l'orléanisme,
certaines apostrophes acidulées de malveillance !

Mais quelle que soit la force de vos traits satiriques, les
démocrates, par vous désignés, se consolent aisément de
vos épigrammes, lorsque, après tout, leur bon sens et

leur patriotisme ressortent d'une manière si éclatante du ridicule même que votre plume généreuse a daigné leur prodiguer.

Vous avez dit :

« Un Comité, intitulé Comité démocratique, et qui « représentait cette démocratie rangée, docile, pleine « de bons sentiments pour l'administration dont l'*Opi-* « *nion Nationale* est, à Paris, l'organe, avait publié un « manifeste..... »

Eh ! quoi, c'est vous, paisible organe du quiétisme traditionnel, qui sortez de votre torpeur conservatrice, pour railler de belle humeur, ou pour blâmer cette démocratie qui est rangée ! qui est docile !

Comment en un plomb vil l'or pur s'est-il changé ?..

C'est à ne ne pas y croire, vraiment ! et si la signature de votre gérant ne certifiait conforme le titre de la feuille, nul ne voudrait croire que le *Journal des Débats* ait pu cesser d'être l'ami de l'ordre, de la paix, du silence, pour devenir soudain le porte-voix de la démocratie subversive, de la démocratie indocile, de la démocratie étrangère aux bons sentiments !

De votre main délicate, habituée au seul maniement d'une plume académique, vous voudriez saisir les terribles instruments de la guerre civile, et votre faible complexion ne reculerait pas devant les sanglantes tragédies des barricades ?

Qn'on se le dise à Paris, à Lyon, à Marseille et dans les

quatre-vingt-neuf départements de France, le *Journal des Débats* s'est transformé en tribun agitateur !

Il a rompu tout pacte avec les hommes rangés, dociles, pleins de bons sentiments ; il s'est coiffé du bonnet phrygien ; il s'est armé de la pique, et le voilà courant à travers les faubourgs, ameutant les journaliers de l'anarchie !

Les démocrates, à l'humeur paisible, ne conviennent plus à l'organe émérite du juste milieu !!!

Quel bon ou quel mauvais génie a pu faire un tel miracle ! La turbulence révolutionnaire agite les vétérans de l'immobilisme ! Ah ! si Louis Philippe était rendu à la vie, n'aurait-il pas le droit de témoigner quelque surprise ? Quand la royauté-citoyenne fut emportée dans la tempête de Février, si le *Journal des Débats* avait ressenti, à l'heure suprême de 1848, un léger accès de cette humeur batailleuse qu'il affiche contre les démocrates rangés et dociles, la couronne des bourgeois-censitaires n'aurait peut-être pas roulé dans l'abîme d'une révolution !

Qui voudrait le contester ?

Si les professeurs d'égoïsme politique dont le *Journal des Débats* encourageait, de son autorité doctrinale, la résistance aux plus modestes réformes, avaient su mieux ménager, pendant dix-huit ans de monopole, la démocratie rangée ! docile ! la France légitimiste et la France démocratique n'eussent pas prononcé, d'une voix unanime, l'arrêt définitif de la déchéance Orléaniste.

Si les fureurs de la guerre civile ont pu éclater sur la France, si une classe indocile, subversive, étrangère aux bons sentiments s'est ruée, en des jours funèbres, sur ce pays trop souvent éprouvé par les malheurs des discordes intestines, c'est vous, Messieurs, et non pas d'autres qui en êtes historiquement responsables.

En opposant, jusqu'à la dernière minute, votre inflexible *veto* aux plus humbles suppliques des amis de la liberté, vous avez ouvert les écluses de ces détestables idées qui ont débordé sur le champ de la patrie.

Vous aviez mission de maintenir et de propager l'œuvre philosophique de Montesquieu, de Voltaire, de Mirabeau, vous préférâtes vous inscrire sur le livre du destin, sur le registre mortuaire des ennemis du progrès.

Au lieu de favoriser et d'éclairer la marche régulière et pacifique du peuple dans la voie de l'éducation et de l'émancipation politique, vous crûtes faire preuve de génie et de force en fermant toutes les issues; et la démocratie française, fatiguée d'être rangée, fatiguée d'être docile sous le régime des conservateurs-bornes, renvoya, du même coup, le roi et les ministres d'un gouvernement encore moins libéral que la charte du privilége censitaire.

Quant à l'*Opinion Nationale*, si elle représente, comme vous dites, cette administration qui s'animait des sentiments honorables de la tolérance et de la conciliation, elle ne saurait, vraiment, en être trop félicitée. L'*Opinion Nationale*, journal fondé sur des principes démocratiques, doit avoir bien souvent l'occasion de rendre justice à ceux que les feuilles royalistes poursuivent de leurs insultes et de leurs calomnies.

Il existe, il est vrai, à Marseille comme à Paris, des hommes et des journaux foncièrement hostiles à la liberté et à la tolérance, pleins de morgue et d'irritation contre la démocratie la plus rangée ! la plus docile !

Ces hommes et ces journaux ne sont pas les moins prompts à se couvrir du masque de la liberté; nul ne parle mieux, à l'occasion, des droits de l'homme et du citoyen, que ces agents d'affaires politiques, avocats de toutes les causes, plaidant, selon les besoins et les profits de la circonstance, pour le Pape ou pour Luther, compagnons des inquisiteurs, parodistes des philosophes, mais disciples fidèles de Don Basile, le doux calomniateur !

Quoi qu'il en soit, et malgré votre persifflage si éminemment spirituel, la démocratie de Marseille, si rangée et si docile que vous affectiez de le dire ou de le faire accroire, n'attendra jamais vos renseignements ni la haute direction des notabilités ultrà-indépendantes pour régler sa conduite électorale.

Des hommes aussi libres et non moins indépendants que les indociles d'une autre liste, ont fait acte de civisme en reconnaissant, par leurs votes, que le véritable esprit de l'administration doit être l'esprit de concorde et d'apaisement.

Quelqu'un voudrait-il s'inscrire en faux contre cette assertion, et prétendre que les trente-six candidats présentés par la Mairie, ne réunissaient pas les mêmes conditions d'intégrité et d'indépendance que celles de la liste d'opposition décorée de l'étiquette : *Indépendance*.

Il nous répugnera toujours de descendre dans de misérables questions de personnes, et de porter la discussion des principes politiques ou administratifs sur le terrain glissant des compétitions individuelles : c'est là, pour tout homme de sens et de raison, une lutte superflue et trop souvent regrettable.

Mais qu'on daigne au moins nous accorder que la démocratie rangée ! docile !! a quelque droit de s'étonner de toute cette agitation systématique, entretenue et fomentée depuis plus de six mois, par ceux-là mêmes qui se font un honneur particulier d'être les représentants des idées monarchiques !

Est-ce que cette démocratie, par vous taxée de faiblesse ou de complaisance, n'aurait pas, dans cette circonstance, un juste motif de demander au *Journal des Débats* :

Si le suffrage universel, appliqué à des élections municipales, doit s'exercer dans le sens exclusif des idées et des passions politiques ?

Si les affaires de la cité doivent être administrées par un seul parti contre tous, ou par plusieurs ligués contre un seul ?

Une troisième hypothèse ne serait-elle pas la seule vraie, la seule admissible ?

Que les docteurs de tous les vieux partis daignent enfin s'expliquer sur une question qui vaut bien la peine d'être discutée et résolue, ne fût-ce que pour savoir si l'antagonisme répulsif est préférable à la conciliation qui neutralise les intérêts d'amour-propre ou d'opinion, au profit de la chose publique.

Ah ! nous serions vraiment bien *simples* d'invoquer de pareilles considérations, ou d'exposer si humblement des doutes impossibles sur des questions résolues par l'évidence la plus saisissante !

Ce qu'il importe de constater, c'est que les votes de la démocratie ont un prix inestimable pour les hauts barons de l'orléanisme ; c'est que les bulletins des citoyens les plus obscurs, les plus infimes, ont la valeur de parchemins nobiliaires pour les grands seigneurs de la finance, du barreau ou de l'industrie qui aspirent à siéger sur les bancs des assemblées politiques ou des conseils municipaux.

On a méprisé, pendant longues années, cette puissance redoutable du peuple armé du droit d'admettre ou d'exclure des ambitions aujourd'hui forcées de s'incliner devant le suffrage universel.

Pendant le régime du monopole censitaire on pressentait que l'intervention du *Peuple Souverain* serait fatale au maintien des faveurs administratives et gouvernementales.

On ne pouvait se faire la moindre illusion sur la nécessité de compter enfin avec les citoyens remis en possession de leur initiative imprescriptible.

On aurait bien voulu ajourner indéfiniment l'heure importune où l'égalité devant la loi ne serait plus un vain mot comme dans la Charte-vérité de la royauté citoyenne.

On avait affiché l'étrange prétention de poser une *borne* infranchissable à toute réforme électorale ; et l'on s'était promis de gouverner et d'exploiter, à tout jamais, la France par la seule volonté de quelques parvenus de haut ou de bas étage.

Mais la *surprise* de Février a dérouté ces belles espérances, et malgré les rhéteurs atrabilaires de l'immobilisme, il est advenu que la Révolution de 1789 a triomphé de nouveau par la consécration de son principe même, par l'avénement du suffrage universel.

Les vaincus de 1848 l'ignorent moins que personne ; les complices du parti conservateur ne pardonneront jamais à la démocratie la plus rangée, la plus docile d'avoir troublé le doux sommeil des égoïstes qui ne voulaient pas entendre la voix de la justice réclamant la liberté.

A cette heure, et malgré les erreurs si nombreuses du peuple à peine initié aux luttes électorales, l'orgueil dédaigneux des ci-devant détenteurs du privilége doit se courber sous les décisions de l'urne populaire où les votes de la démocratie tombent comme les arrêts du destin.

Ceux donc qui veulent s'ingérer comme autrefois dans les affaires du pays, ne peuvent se dispenser de faire appel à la démocratie, puisque la tribune politique est au bout d'un chemin dont l'urne du suffrage universel occupe la première issue ; et c'est pourquoi tant d'ennemis, autrefois si hautement déclarés, de la moindre réforme électorale, éprouvent le besoin de flatter la démocratie et surtout de la diviser au profit de leurs tendances rétrogrades.

N'est-il pas vrai de supposer , Monsieur le Rédacteur, que vos chers amis de l'orléanisme seraient bien aises de réunir, autour de leurs noms , les voix nombreuses de la démocratie rangée! docile !! pleine de bons sentiments !!!

Quel outrage ferait-on à la susceptible délicatesse des plus fiers adversaires de la cause démocratique en leur attribuant la pensée qu'ils s'accommoderaient fort bien des suffrages obtenus à Marseille , par exemple , de ces électeurs sympathiques à « l'administration dont l'*Opinion Nationale* est , à Paris , l'organe ! »

Si bas placés qu'ils soient dans l'estime des bâtards de Voltaire ou des fils légitimes de Loyola , les démocrates ne sont pas à dédaigner à l'heure solennelle des épreuves électorales ! Vienne donc ce jour ! et tous les oracles de la presse fusionniste risqueront fort de se tromper s'ils veulent garantir, de leur parole fatidique, les votes de la majorité démocratique aux habiles du juste-milieu si bien venus de parler « d'accolades avec les Révérends Pères Jésuites » quand leur vestiaire renferme les masques de tous les carnavals politiques ! quand les libéraux du néo-protestantisme se sont abrités sous le froc de saint Ignace et de saint Dominique par haine et par peur de la liberté !

Tous ces bleus de 1830, qui ont déteint et pâli jusqu'au blanc, n'ont-ils pas donné le baiser de paix aux plus fiers matamores et aux plus obscurs desservants de l'armée d'Antonelli ?

Ces calvinistes de faux aloi auraient-ils l'impudeur de railler la démocratie qui n'a rien de commun avec les Gérontes ni avec les Scapins de la parade catholico-protestante ?

Les prêtrophobes de la Restauration se croient-ils des saints pour s'être réfugiés, depuis 1848, dans les sacristies de l'ultramontanisme ?

Les esprits-forts du scepticisme bourgeois croient-ils ne pas être vus quand ils s'abritent derrière Escobar, pour décocher leurs traits malins à la démocratie rangée ! docile !!

Vous tous, qui avez abattu les croix en 1830, allez donc à la messe !

Voltairiens, sur le retour de l'âge, allez vous confesser ; c'est votre droit ! C'est surtout votre devoir !

Mais, de grâce, laissez en paix des citoyens qui sont, pour le moins, aussi dignes et aussi indépendants que vous-mêmes et que les électeurs favorables à vos amis.

Ces citoyens vous connaissent, et peu leur importe que vous releviez et que vous agitiez, d'une main sénile, l'encensoir que jadis vous avez foulé aux pieds !

Mais alors les exploiteurs du pseudo-libéralisme censitaire étaient brillants de jeunesse et resplendissants d'incrédulité !

Permettez-moi de vous demander, en terminant, si la démocratie aurait votre approbation pour imiter la conduite du gouvernement qui insulta une femme, en instituant un officier français gardien scandaleux de la duchesse de Berry.

Ce jour-là, convenez-en, l'orléanisme, dans la personne de Louis-Philippe, ne se montra nullement rangé, et fort peu docile aux lois de la galanterie.

Mais le roi des barricades ne savait pas reculer devant un outrage nécessaire à ses intérêts dynastiques, plus précieux pour lui que la splendeur immaculée des fleurs de lys.

La démocratie que vous avez voulu tourner en dérision pour plaire à vos chers fusionnistes , n'a pas encore oublié que les austères intrigants s'étaient constitués pontifes du veau d'or.

Enrichissez-vous !

C'est ainsi que M. Guizot résumait toutes les vertus privées et publiques sous le régime de la *loi-athée !* alors que , pour devenir citoyen , il fallait simplement exhiber une quittance de percepteur.

Il dépendait alors de quelques centimes pour être admis dans le *pays légal* ou pour être relégué dans la foule passive , déshéritée , dépouillée de ses droits au profit des spéculateurs de la Bourse.

Et dire que des hommes d'esprit s'autorisent de pareils souvenirs pour mettre en doute la dignité civique de la démocratie !

Les écrivains orléanistes auraient-ils assez oublié leur passé pour qu'il soit nécessaire de le leur apprendre ?

A propos du mémoire protestatif , il est une observation que je ne puis me dispenser de vous soumettre.

Tandis que les démocrates, favorables à la liste municipale , sont , par vous , qualifiés de rangés et de dociles , M. Clapier, votre client , du haut de son dédain royaliste , les appelle : « Enfants perdus de la démocratie. »

Il faut , pourtant , s'entendre !

Le *Journal des Débats* ne saurait prétendre qu'un parti ait lieu de se féliciter quand il a le malheur de *perdre* les hommes rangés et dociles ! !

A ce compte , quelle espèce de démocrates resterait-il pour faire l'appoint électoral de M. Clapier ?

Vous le voyez , Monsieur, l'ancien député de 1847 n'est

pas plus heureux que vous quand il se mêle de questions qui lui sont complètement étrangères.

L'orateur malheureux des derniers jours de Louis-Philippe ne peut parler, comme vous, de la démocratie, que pour la calomnier ou pour se tromper.

C'est, qu'en effet, une main orléaniste ne peut tenir convenablement le thermomètre de l'opinion démocratique.

En ce cas, M. Clapier ferait bien mieux d'avouer son incompétence.

Sans quoi, il s'expose à n'avoir jamais cette *situation nette*, qui lui fit défaut à la tribune de 1847.

Nous ne voudrions pas réveiller des souvenirs importuns ; mais, dans ce jour funeste à son ambition, M. Clapier dut comprendre que si jamais une statue pouvait lui être érigée, ce ne serait pas celle de l'éloquence !

Qu'en pense le *Sémaphore*, qui se fait si volontiers le complaisant écho d'agressions personnelles ?

Donnerait-il son acquiescement à la démocratie qui prendrait l'initiative d'allusions blessantes ?

Mais pourquoi cette bénévole supposition, quand le *Sémaphore* n'a pas craint d'exprimer le regret de ne pouvoir reproduire les lignes *si spirituelles* du *Journal des Débats* contre la démocratie rangée ! docile !

Et pourtant, dans mainte occasion, le *Sémaphore* ne ménage pas les agitateurs révolutionnaires.

Depuis Ledru-Rollin jusqu'à Barbès, y compris Mazzini et Caussidière, les agents d'une propagande peu docile sont loin de convenir à cette feuille ultra-pacifique.

Mais il ne suffit pas vraisemblablement d'être démocrate rangé ! docile !

Il fallait, surtout, ne pas faire obstacle au succès de la

liste *indépendante !* Et c'est ainsi que l'on aime et que l'on pratique le principe de la liberté de conscience appliquée à l'exercice des droits électoraux.

H. BONDILH.

Marseille , 25 avril 1861.

P. S. — En parlant d'un honorable citoyen , de M. Dupont, l'ancien député de 1847 , s'exprime ainsi dans son mémoire : *Un sieur* Dupont.

Plus loin , et pour mieux faire ressortir l'intention de son dédain orléaniste, M. Clapier ajoute : CE SIEUR Dupont ! C'est donc sciemment que M. Clapier viole les convenances à l'égard d'un homme de cœur, mais !... démocrate.

Est-ce à la tribune de 1847 que M. Clapier aurait contracté ces façons de style *parlementaire ?*